∾ Personajes del Mundo Hispánico ∾

∾ Historical Figures of the Hispanic World ∾

Conoce a • Get to Know

Miguel de Cervantes

Edna Iturralde

Ilustraciones • Illustrations
Gastón Hauviller

Traducción • Translation
Joe Hayes & Sharon Franco

ALFAGUARA

A mi abuelo, Charles De Howitt (papá Chas), que tenía el corazón de Quijote, con amor y agradecimiento.

2

To my grandfather,
Charles De Howitt (Papa Chas),
who had the heart of Quijote,
with love and gratitude.

3

Cuenta una historia de caballeros andantes que había uno de mucha fama llamado don Quijote de la Mancha (por haber nacido en aquella región de España). Cabalgaba en un caballo flaco y viejo de nombre Rocinante. Lo acompañaba Sancho Panza, que se suponía era su escudero, pero que de escudero sólo tenía el título (dado por el mismo caballero), puesto que no llevaba ni escudo ni lanza. Era un simple campesino bonachón e ingenuo que, atraído por los sueños de aventura de don Quijote, lo seguía montado en un asno.

—Te juro, Sancho, por mi amor a mi señora Dulcinea del Toboso, que esto es una nueva treta del mago Frestón, mi enemigo, para hacerme quedar mal —se quejó don Quijote mientras desmontaba.

Sancho Panza, que se hallaba buscando en el morral algunos mendrugos de pan y una cebolla para desayunar, volteó a verlo con preocupación. Durante la noche habían vivido una de las pocas aventuras en las que salieron con suerte y, por lo tanto, no entendía la actitud de su amo.

—¡Pero si logramos vencer en la Sierra Morena a aquellos grandes ejércitos que su señoría descubrió que no eran ovejas, a pesar de que lo parecían y mucho, sino soldados que venían a atacarnos! —repuso Sancho ofreciéndole la mitad de la cebolla a don Quijote.

One famous story about knights-errant tells of a man called don Quijote de la Mancha. He rode on a skinny old horse named Rocinante. He was accompanied by Sancho Panza, who was supposed to be his shield bearer, but that was nothing but a title—given to him by the same knight—since he bore neither shield nor lance. He was just a simple peasant, good natured and innocent, who was attracted by don Quijote's dreams of adventure and followed him riding on a donkey.

"I swear, Sancho, by my love for my lady Dulcinea del Toboso, that this is another trick played by my enemy, the wizard Frestón, to make me look bad," complained don Quijote as he dismounted.

Sancho Panza, who was busy searching the saddlebags for some crusts of bread and an onion for his breakfast, gave don Quijote a worried look. During the night they'd had one of their few adventures that turned out well, so he did not understand his master's attitude.

"But up in the Sierra Morena we were able to defeat those large armies that your lordship discovered were not really sheep—even though they sure looked like it—but actually were soldiers coming to attack us!" Sancho replied, offering half of the onion to don Quijote.

—No, Sancho, no me refiero a esos bandidos de los que dimos buena cuenta, sino que recordé la historia que nos contaron en días anteriores —confesó don Quijote quitándose la palangana de latón dorado que usaba como casco—. Que ese escritor don Miguel de Cervantes Saavedra dice que no somos reales sino producto de su imaginación.

—Ah, claro, lo recuerdo. No le ponga atención al asunto, mi señor. Que se lo digo yo, que tengo un primo cuentero que hace historias de un grano de arena, convirtiéndolo en una montaña para quedar de listo, pero nadie le cree nada.

—¡No hables necedades, Sancho! Este del cual nos hablaron es un escritor, no es ningún cuentista de pueblo. Yo lo conozco y hasta nos parecemos en lo enjutos de rostro, en la nariz aguileña y los bigotes largos.

6

"No, Sancho. I'm not talking about those bandits that we finished off. I just remembered the story we were told earlier," don Quijote admitted as he took off the brass basin that he used as a helmet. "The one about how that writer don Miguel de Cervantes Saavedra says that we're not real, but just products of his imagination."

"Ah, of course, I remember. Don't give that a thought, my lord. Listen, I have a cousin who's a storyteller and can spin a yarn out of a grain of sand, turning it into a mountain, just to make himself look smart. But no one believes a word he says."

"Don't talk nonsense, Sancho! This man we're talking about is a writer, not some village storyteller. I know him, and we even look alike, with the same lean face, curved nose, and long mustache."

—Entonces, si este escritor lo conoce, sabrá que vuestra merced existe en carne y hueso, o mejor dicho en huesos, por eso lo llaman "El Caballero de la Triste Figura" —insistió Sancho mientras le quitaba la montura a su jumento para que fuera a pastar.

—Así es. Sin embargo, el mago Frestón se debe haber metido en la mente de Cervantes para que negara mi existencia real y verdadera, la tuya y la de mi señora, la hermosa dama Dulcinea del Toboso —aseguró don Quijote, acariciando sus bigotes como lo hacía cuando se preparaba para relatar algo importante.

Sancho, lleno de curiosidad, pidió a su amo que le contara sobre su amistad o enemistad con aquel escritor "Cerveros Saanbeno" al cual dijo que ya le había cogido mucha antipatía.

"Well, then, if this writer knows you, he must know that your lordship exists in flesh and blood—well, actually, in skin and bones, which is why they call you the 'The Knight of the Woeful Countenance,'" Sancho insisted, as he removed the saddle from his donkey so it could go and graze.

"That's true. But just the same, the wizard Frestón must have worked his way into Cervantes' mind so that he denied my real and true existence, as well as yours and that of my lady, the lovely Dulcinea del Toboso," don Quijote declared, as he stroked his mustache, the way he did when he was getting ready to say something important.

Full of curiosity, Sancho asked his master to tell him about his friendship, or enmity, with the writer "Ceveros Saanbeno," for whom he was now feeling a great dislike.

9

—Sancho, te digo que se apellida Cervantes Saavedra, y será mejor que recuerdes su nombre y no lo cambies, ya que con el único otro con el que se lo conoce es "El manco de Lepanto". Resulta que este apodo lo obtuvo porque perdió el movimiento de su mano izquierda durante una batalla contra los moros, frente a las costas de Lepanto, en la cual participó a pesar de estar enfermo con unas grandes fiebres.

Sancho Panza se sentó sobre una piedra, ansioso por escuchar el resto de la historia.

"Sancho, his last name is Cervantes Saavedra, and you had better remember his name and not change it, since the only other one he's known by is 'the one-armed man from Lepanto.' He got that nickname when he lost the ability to move his left hand in a battle along the coast of Lepanto against the Moors, where he fought even though he was sick with a terrible fever."

Sancho sat down on a stone, anxious to hear the rest of the story.

—Tengo que reconocer que Cervantes es un hombre valiente. Apenas se recuperó de sus heridas, volvió a su vida militar en la marina. Entonces, en un viaje a bordo de la galera Sol, fue capturado por los moros junto a su hermano y pasó cinco años en prisión. Durante esos años escribió relatos y comedias, y nunca dejó de planear su fuga. Casi lo logró cuatro veces, pero en todas las ocasiones lo capturaron —contó don Quijote.

—Ya ve, su señoría, ese Cervantes por andar escribiendo no supo hacer bien las cosas —se burló Sancho.

—¡Calla, infeliz! —reclamó don Quijote—. Sus intentos fallaron porque lo traicionaron sus cómplices. Sin embargo, él se declaró como el único responsable, sin delatar a ninguno de sus compañeros de prisión. La primera vez, como castigo, lo encadenaron durante cinco meses. Al segundo intento, le impusieron la pena de recibir dos mil palos, y lo mismo sucedió las otras veces.

"I have to admit that Cervantes is a brave man. He had hardly recovered from his wounds when he took up the military life again in the navy. And then, on a trip aboard the galley *Sol* he was captured by the Moors, along with his brother, and spent five years in prison. During those years, he wrote stories and comedies, and he never stopped trying to escape. He almost got away four times, but each time he was caught," don Quijote related.

"There you have it, your lordship," laughed Sancho. "Because he spent all of his time writing, this Cervantes couldn't do anything right."

"Quiet, you fool!" snapped don Quijote. "His attempts to escape failed because he was betrayed by his accomplices. In spite of that, he swore that he acted alone, never informing on any of his fellow prisoners. The first time, he was punished by being chained up for five months. When he tried it again, he was sentenced to receive two thousand blows with a stick, and the same thing happened the other times."

13

—¿Y qué pasó con el hermano? —quiso saber Sancho.

—La madre de Cervantes actuó como actuaría mi señora Dulcinea: desesperada, ofreció pagar un rescate, pero alcanzaba sólo para un hijo. Así que Cervantes prefirió que su hermano saliera libre mientras él se quedaba en prisión atado con cadenas y grilletes.

—Pero, ¿al fin salió libre o llegó a fugarse? —Sancho, que sentía que la antipatía por aquel escritor se le disolvía, preguntó con verdadero interés.

Don Quijote contó que lograron reunir el dinero del rescate con la ayuda de unos frailes y que Cervantes por fin quedó libre.

14

"And what happened to his brother?" Sancho asked.

"Their mother acted just as my Lady Dulcinea would have. In desperation she offered to pay a ransom, but she only had enough money for one son. So Cervantes chose to let his brother go free while he himself remained imprisoned in chains and shackles."

Sancho felt the great dislike he had had for the writer dissolve and asked with genuine interest, "But in the end, was he set free, or did he manage to escape?"

Don Quijote told him of how they were able to raise the money for his ransom with the help of some friars and of how Cervantes was finally set free.

Don Quijote suspiró antes de continuar:

—No terminó allí su mala fortuna, pues Cervantes fue nombrado cobrador de impuestos...

—Esa sí que es mala suerte. Yo lo sé —Sancho iba a añadir que por experiencia, pero se contuvo—. Nosotros les lanzamos, digo, la gente les lanza de todo, tomates, huevos podridos y hasta piedras, cuando van a cobrar.

—Pues a Cervantes lo lanzaron a la cárcel por algún embrollo de dineros. Dicen que asegura que desde allí se inventó mi existencia y ha publicado mi historia en un libro titulado *El ingenioso hidalgo don Quijote de la Mancha* —la voz de don Quijote tembló con indignación mal contenida.

Don Quijote sighed before he went on: "But his bad fortune didn't end there. Cervantes was then appointed as tax collector."

"That really is bad luck. I know all about that." Sancho was going to say that he knew from his own experience, but he held himself back. "We throw . . . I mean the people throw . . . all sorts of things at them—tomatoes, rotten eggs, even rocks—when they come to collect."

"Well, they threw him in jail for some mess-up about money. They say he claims that is where he made up my existence, and he published my story in a book titled *The Ingenious Nobleman don Quijote de la Mancha.*" Don Quijote's voice trembled with anger and indignation he couldn't contain.

—¡Qué desvergonzado! ¡A mí ni me ha mencionado en el título! —dijo Sancho enfurecido, y se comió el resto de la cebolla de un solo bocado.

Don Quijote prefirió no hacer ningún comentario, y continuó con su relato.

—Pues Miguel de Cervantes ya había escrito varias obras y...

—¿Y quién le habló de nosotros? — interrumpió Sancho.

—¡Ay, Sancho! Seguramente Merlín el mago, o algún otro hechicero malvado, debió transportarme a esa cárcel por medio de algún encantamiento; en una alfombra mágica o utilizando otro truco, y allí pude haber sido yo mismo quien le contara todo. ¿De qué otra forma iba a saberlo Cervantes? Y él me habrá contado su historia. ¿De que otro modo podría yo haberla conocido?

"That's disgraceful!" Sancho said furiously. "He didn't even mention me in the title." And he ate the rest of the onion in one bite.

Preferring not to comment on that, don Quijote continued his story.

"Miguel de Cervantes had already written several works and . . ."

Sancho interrupted him, "And who told him about us?"

"Ay, Sancho! It must certainly have been Merlin the magician or some other evil sorcerer. He must have carried me off to that jail using some sort of spell—a magic carpet or some other trick—and there I myself could have been the one who told Cervantes everything. How else could he have known it? And he must have told me his story. How else would I have known that?"

19

Sancho aceptó que su señor
tendría razón, ya que a él mismo
le constaban todas las cosas
extrañas que había vivido debido a
la maldad de aquellos magos que
transformaban las cosas. Y esto le
recordó su primera aventura, cuando
don Quijote se lanzó a luchar contra
los gigantes que él, Sancho, vio
con sus propios ojos que parecían
molinos de viento.

Sancho admitted that his master must be right, since he himself could vouch for all the strange things they had experienced as a result of the evil work of those wizards who transformed things. And that reminded him of their first adventure, when don Quijote attacked those giants—which to Sancho's own eyes had looked like windmills.

—También comentaron que Cervantes ha escrito un segundo tomo sobre nosotros que ha titulado *El ingenioso caballero don Quijote de la Mancha*. Por lo menos ya reconoce mi título de caballero —dijo don Quijote, meneando la cabeza.

—Ah, otro libro. ¡Y nada que menciona mi nombre en el título! ¡Vaya mala intención! ¡O lo hace por olvido o por buscarme bronca! Y juro por mi asno que se la daré si escribe un tercero y también olvida incluirlo —amenazó Sancho alzando el puño.

—Ahora Miguel de Cervantes está dedicado a escribir obras de teatro que parece que no han tenido buen resultado. Pero sus novelas y cuentos, sí. Algunos son picarescos. Dicen que son muy buenos y entretenidos. Que hacen reír y soñar —añadió Don Quitote con un bostezo. Ya estaba cansado de tanta conversación y por la mala noche pasada.

"I've also heard that Cervantes has written a second volume about us titled *The Ingenious Knight don Quijote de la Mancha*. At least he acknowledged my title as a knight," said don Quijote, shaking his head.

"Oh, another book! And still no mention of my name in the title. What a lot of nerve! He either did that because he forgot or because he wants to pick a fight with me. And I swear by my donkey that he'll get one if he writes a third book without including me," Sancho warned, raising his fist.

"Now Miguel de Cervantes is writing plays, which don't seem to be very popular, although his novels and short stories are. Some of them are about rogues and tricksters. They say they're very good and amusing, that they make you laugh and dream," don Quijote added with a yawn. He was tired from all this talking and the rough night he had had.

Al ver que don Quijote se ablandaba, Sancho trató de picarlo nuevamente en su amor propio...

—Todo podrá ser, pero vuestra merced olvida que también dijeron que Cervantes asegura que usted está loco de remate por todos los libros de aventuras de caballeros andantes que ha leído, y que yo soy un tonto de capirote por seguirle la corriente.

Don Quijote se acarició los bigotes, pensativo.

—Sancho, amigo y escudero mío, hoy me siento iluminado. Escucha: mientras la gente continúe leyendo nuestra historia, seremos reales, sin importar que nos tomen por locos o tontos. ¡Tan reales como estos árboles y estas montañas! Quizás Miguel de Cervantes Saavedra nos inventó o quizás nosotros lo inventamos a él.

Y tras esta conclusión, don Quijote montó en Rocinante y Sancho Panza en su asno, y partieron en busca de nuevas aventuras.

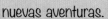

24

Seeing that don Quijote was losing interest, Sancho tried to stir up his sense of pride.

"That could all be true, but your lordship is forgetting that they also said that Cervantes claims that you were driven crazy by all the books you read about the adventures of knights-errant, and that I'm a total fool for going along with you."

Don Quijote stroked his mustache thoughtfully. "Sancho, my friend and squire, today I think I understand everything. Listen: so long as people keep reading our story, we'll be real. It doesn't matter if they think we're crazy or foolish. We're as real as these trees and mountains. Maybe Miguel de Cervantes Saavedra made us up, or maybe we made him up."

And after coming to this conclusion, don Quijote climbed on Rocinante and Sancho Panza on his donkey and off they rode, looking for new adventures.

Edna
nos habla de
Miguel

Imagínate poder conversar con un escritor tan importante como Miguel de Cervantes Saavedra. ¡Cuántas cosas podríamos preguntarle! A mí me gustaría saber, por ejemplo, de dónde sacó el nombre de don Quijote. Dicen que cuando se casó con Catalina Salazar fue en un pueblo de la región de La Mancha, cerca de Toledo, y que allí conoció a un señor de apellido Quijada. En la historia de don Quijote, Cervantes cuenta que el nombre verdadero del personaje que soñaba con ser un caballero andante era Alonso Quijano y que vivía en "algún lugar de La Mancha". ¿Te parece una coincidencia?

Cervantes nació en Alcalá de Henares, cerca de Madrid (España), en octubre de 1566. Se cree que fue el día 29 ya que ese es el día de San Miguel y era la costumbre ponerles a las personas el nombre del santo de su nacimiento. Cervantes se interesó en ser escritor desde joven, pues estudió gramática y literatura en una escuela de jesuitas. A los 20 años de edad, escribió su primer soneto, que es una poesía compuesta en catorce versos de once sílabas y organizados en cuatro estrofas. ¡Qué complicado! Cervantes dedicó este soneto a la reina Isabel de Valois y con esto dejó probada su destreza como poeta.

Como escritor tuvo mucho éxito, aunque en el teatro le fue mal. El público pensaba que sus obras eran algo anticuadas, ¡y eso hace más de 400 años! ¡Pobre Cervantes! Entonces, desilusionado, pidió que lo mandaran a las Indias, es decir a América, mas el permiso le fue negado. Desde ese momento se dedicó a escribir muchas novelas. Pero la obra que lo volvería famoso fue precisamente *El Quijote*, publicada en dos tomos.

A pesar de que con el tiempo *El Quijote* se convirtió en una obra importantísima, que todavía hoy se lee y se estudia, Cervantes nunca tuvo dinero y siempre vivió en una situación bastante precaria, pues la mayoría de sus libros se publicaron durante su vejez. Murió el 23 de abril de 1616 dejando de legado para toda la humanidad una obra maravillosa.

Cervantes escribió hasta el final de su vida. Su último libro, que fue publicado después de su muerte, se titula *Los trabajos de Persiles y Sigismunda* (¡vaya nombrecitos!). Cuatro días antes de morir escribió su dedicatoria, para el conde de Lemos, que lo había apoyado mucho. Despidiéndose de él, dice así:

Puesto ya el pie en el estribo,
con ansias de la muerte,
gran señor te escribo.

Edna Talks about Miguel

Imagine being able to talk to a writer as important as Miguel de Cervantes Saavedra! There are so many things we could ask him. I would like to know, for example, how he came up with the name don Quijote. They say that when he married Catalina Salazar, it was in the region of La Mancha, Spain, near Toledo, and that he met a man there whose last name was Quijada. In the story of don Quijote, Cervantes tells us that the real name of the person who dreamed of being a knight-errant was Alonso Quijano and that he lived "somewhere in La Mancha." Does that sound like a coincidence to you?

Cervantes was born in Alcalá de Henares, near Madrid, in October of 1566. The date is thought to have been the twenty-ninth, since that is St. Michael's day—San Miguel in Spanish—and it was the custom to give people the name of the saint on whose day they were born. Cervantes was interested in being a writer

from the time he was very young. He studied grammar and literature in a Jesuit school. At the age of twenty he wrote his first sonnet, which is a poem composed of fourteen lines with eleven syllables each, and four stanzas. How complicated! Cervantes dedicated this sonnet to Queen Isabel de Valois and with it he proved his skill as a poet.

He was a very successful writer, although things did not go well for him in the theater. The public thought his plays were somewhat old fashioned. And that was 400 years ago! Poor Cervantes. In his disappointment he asked to be sent to The Indies—that is, the Americas—but permission was denied. From then on he devoted himself to writing novels. The work that was to make him famous was none other than *Don Quijote*, published in two volumes.

Although eventually *Don Quijote* became an extremely important book—one that is still read and studied today—Cervantes never had any money, always living on the edge of poverty, in part because most of his works were published when he was old. He died on April 23, 1616, leaving behind his marvelous novel as a legacy for all humanity.

Cervantes wrote up until the end of his life. His last book, which was published after his death, was titled *The Troubles of Persiles and Sigismunda* (How's that for a couple of names?). Four days before he died he wrote the dedication of the book to the Count of Lemos, who had helped him a great deal. Taking his leave of the Count, Cervantes said:

Now my foot in the stirrup is placed,
And longing for death,
I write to you, your grace.

Glosario

bonachón: Que tiene carácter tranquilo y amable.

bronca: Pelea o discusión fuerte o violenta.

caballero andante: Caballero que dedicaba su vida al ideal de justicia y defensa de los desprotegidos o necesitados.

capirote: Gorro alto en forma de cono que se les ponía a los condenados a muerte en tiempos de la Inquisición para humillarlos.

cómplice: Persona que ayuda a cometer un delito.

constar: Tener la seguridad de que algo es cierto.

delatar: Acusar al que ha cometido una falta o delito.

embrollo: Lío, enredo.

enjuto: Flaco.

escudero: Persona que acompañaba a un caballero, le llevaba las armas y le servía.

galera: Barco antiguo de vela y remo.

hidalgo: Noble de categoría más baja dentro de la antigua nobleza española.

iluminado: Que cree poseer la verdad absoluta y tener conocimientos superiores a los de los demás.

indignación: Gran enojo que produce alguna cosa mala o injusta.

ingenioso: Que tiene una gran capacidad para inventar cosas o para pensar y hablar con gracia.

ingenuo: Que cree todo lo que le dicen.

jumento: Asno, burro.

mendrugo: Trozo de pan duro.

moro: Árabe, musulmán.

necedad: Tontería, bobada.

palangana: Plato hondo y grande que se usa para lavarse o para lavar cosas.

palos: Golpes que se dan con un trozo de madera alargado (palo).

picaresco: De las obras literarias cuyo protagonista es un pícaro, es decir, una persona astuta que sabe engañar a los demás sin que se note.

traicionar: Hacer algo malo a alguien que confiaba en nosotros.

treta: Engaño o acción astuta que emplea una persona para conseguir algo.

vuestra merced: Forma de respeto para dirigirse a una persona que se usaba antes con un significado parecido al de *usted*.

Glossary

accomplice: person who helps someone do something that is forbidden

bearer: carrier

comedy: funny story

contain: keep in

countenance: appearance

disgraceful: shameful

enmity: being enemies with someone; the opposite of friendship

errant: wandering

friar: man belonging to a religious group or brotherhood

galley: a ship with sails that is also rowed

genuine: real, true

indignation: anger at something that is not fair

knight: a soldier on horseback in the Middle Ages who promised to do good deeds

La Mancha: a region of Spain

lance: spear

legacy: something that is handed down to future generations

Moors: Muslims from North Africa

nobleman: a person of high rank

ransom: money paid to have someone set free

rogue: a person who cheats and plays tricks

shackles: iron bands connected with a chain that are placed around the ankles

Sierra Morena: a mountain range in Spain

squire: assistant, someone who carries a knight's shield for him

woeful: sad

Edna Iturralde

Edna Iturralde comenzó escribiendo historias para sus hijos y hoy es una de las escritoras infantiles más publicadas y reconocidas de Ecuador. Fundó y dirigió durante once años la revista infantil *Cometa*, y también fue profesora de Escritura Creativa en la Universidad San Francisco de Quito. Ha recibido muchos premios y reconocimientos, entre los cuales se destaca la nominación al prestigioso premio internacional ALMA, en 2012.

Edna Iturralde started out writing stories for her own children and today is one of the most popular and widely published Ecuadorian children's authors. She established and directed for eleven years the children's magazine *Cometa*. She was also a professor of creative writing at the San Francisco University in Quito. She has received many awards and honors. One of the most outstanding among them is a nomination for the prestigious international ALMA award in 2012.

© This edition:
2014, Santillana USA Publishing Company, Inc.
2023 NW 84th Avenue
Doral, FL 33122, USA
www.santillanausa.com

Text © 2012, Edna Iturralde de Kernan

Managing Editor: Isabel C. Mendoza
Art Director: Jacqueline Rivera
Design and Layout: Grafika LLC
Illustrator: Gastón Hauviller
Translators (Spanish to English): Joe Hayes and Sharon Franco

Alfaguara is part of the **Santillana Group**, with offices in the following countries:

ARGENTINA, BOLIVIA, BRAZIL, CHILE, COLOMBIA, COSTA RICA, DOMINICAN REPUBLIC, ECUADOR, EL SALVADOR, GUATEMALA, MEXICO, PANAMA, PARAGUAY, PERU, PORTUGAL, PUERTO RICO, SPAIN, UNITED STATES, URUGUAY, AND VENEZUELA

Conoce a Miguel de Cervantes / Get to Know Miguel de Cervantes
ISBN: 978-1-61435-352-2

Published in the United States of America
Printed in China by Global Print Services, Inc.

20 19 18 17 16 15 14 13   1 2 3 4 5 6 7 8 9 10

PRISA EDICIONES